CB065134

ANITA MACHADO

ILUSTRAÇÕES
EDUARDO VETILLO

FIRMINA
Maria Firmina dos Reis

1ª edição – Campinas, 2024

"A mente, essa ninguém pode escravizar."
(Túlio, personagem do romance *Úrsula*, de Maria Firmina dos Reis)

M•STARDA
EDITORA

No ano de 1825, em São Luís, capital do Maranhão, nasceu Maria Firmina dos Reis. No bairro de São Pantaleão, ela morava com sua mãe, Leonor, seus tios Martiniano e Henriqueta, e sua avó Engrácia. Também viviam na mesma casa sua irmã Amália Augusta e sua prima Balduína.

Era o tempo do Brasil Império, o país ainda não era uma República como é atualmente. E também o período da escravidão, em que pessoas negras eram tratadas como objetos, pois eram vistas como propriedade de senhores brancos. Dona Leonor tinha sido escravizada, mas depois conquistou a liberdade, e, por isso, Maria Firmina já nasceu livre. Entretanto, mesmo depois de conseguirem o documento que garantia a liberdade, as pessoas negras eram tratadas com muito preconceito devido à cor de sua pele.

Vivendo numa família pobre e de poucos recursos, Firmina teve oportunidade de cursar apenas a escola primária, ou seja, estudou aproximadamente até os 15 anos de idade. Apesar de ser muito inteligente, não permitiram que ela fizesse o curso de aperfeiçoamento para alunos-mestres, denominado "Escola Normal", pois o curso não permitia que mulheres fossem matriculadas.

Como Firmina não tinha conseguido ingressar nas instituições de ensino formal para cursar o Ensino Médio, ela começou a estudar do seu próprio jeito e pelos seus próprios meios. Buscando realizar o sonho de ser professora, ela passou a frequentar a casa do seu tio Sotero dos Reis, que ocupava um cargo bastante notável na área de Educação.

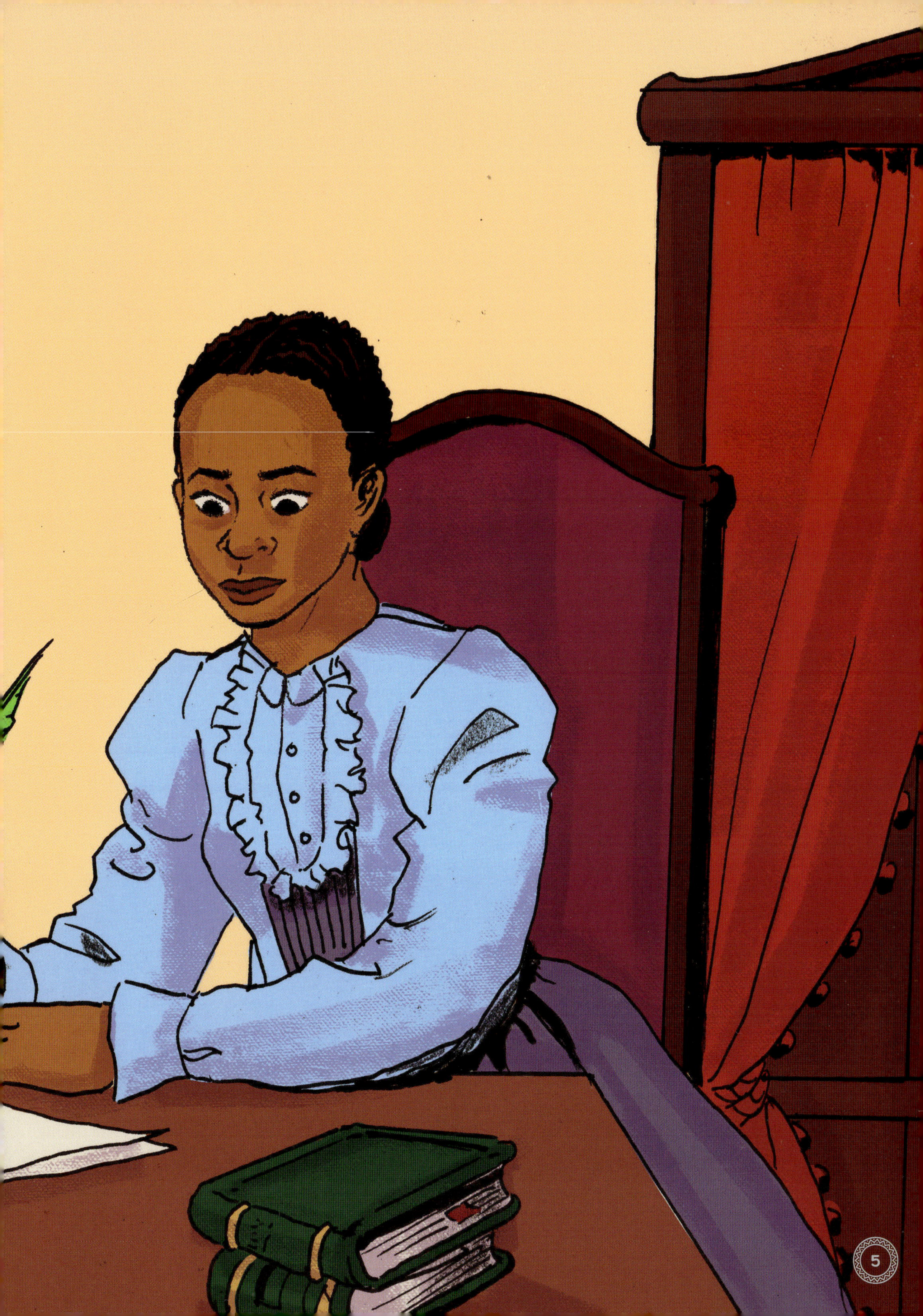

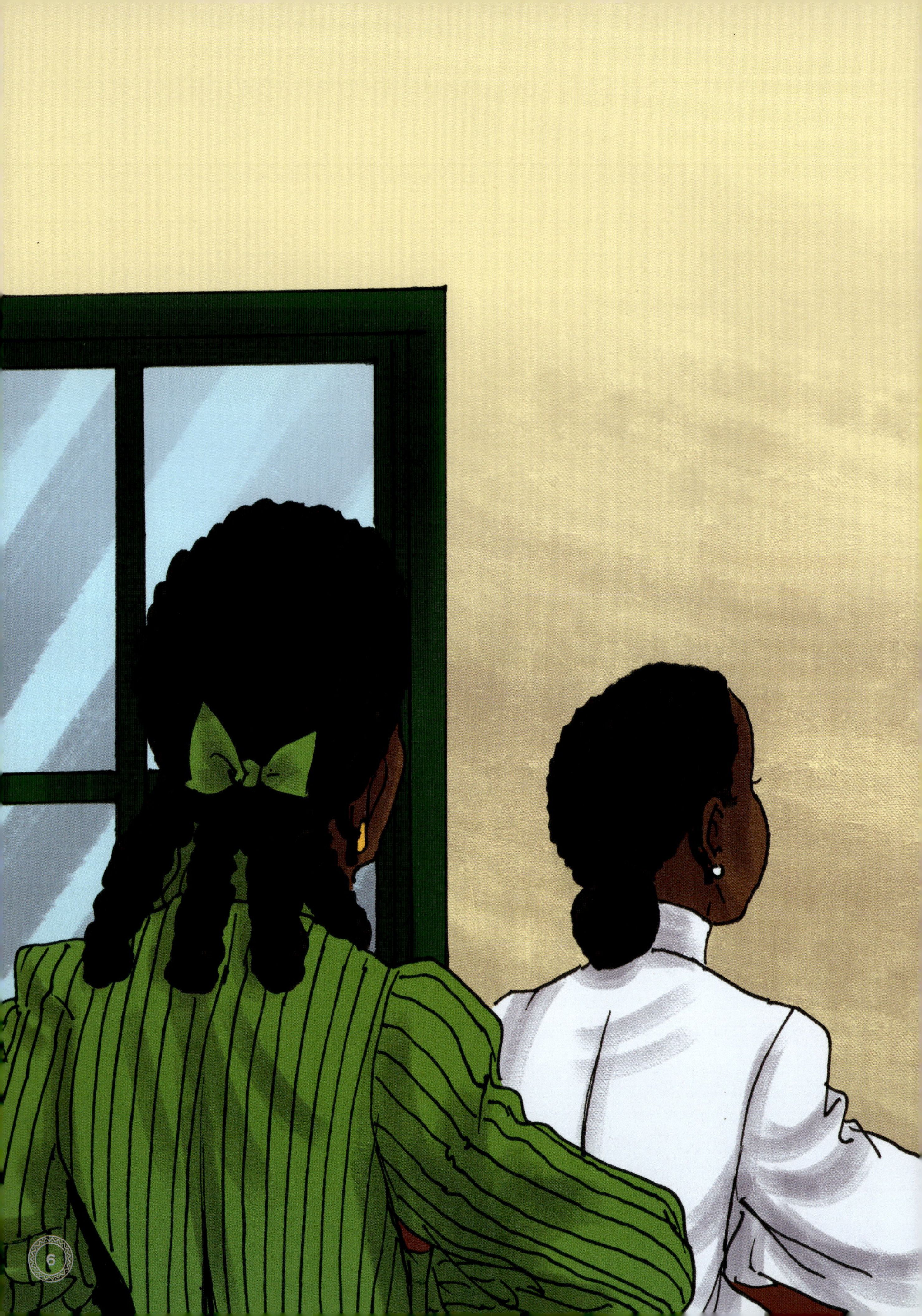

Maria Firmina se inscreveu no concurso e foi aprovada para o cargo de "professora de primeiras letras do sexo feminino". Na época, as leis do Brasil Império determinavam que meninos e meninas não podiam estudar na mesma escola.

Depois de saber da aprovação da filha no concurso público, Dona Leonor resolveu alugar um "palanquim", uma espécie de tenda com a qual pessoas negras escravizadas carregariam a jovem nos ombros até o local da nomeação.

Firmina se recusou e disse: "Negro não é animal para se andar montado nele". Ela decidiu ir a pé até o Palácio do Governo, onde recebeu a sua nomeação como professora.

Em 1847, Maria Firmina se mudou para a Vila de Guimarães. Ela começou a dar aulas na casa de um de seus tios, Martiniano José dos Reis, que estava obtendo sucesso em suas lavouras no interior. Como não existiam prédios públicos na Vila de Guimarães, as aulas deviam ser realizadas na casa da própria professora. No caso de Maria Firmina, ela dava aulas na casa do seu tio Martiniano, que era onde morava.

Nesse período, as mulheres estavam começando a entrar no mercado de trabalho no Brasil. Primeiro como preceptoras, depois como professoras particulares ou professoras da rede pública.

11

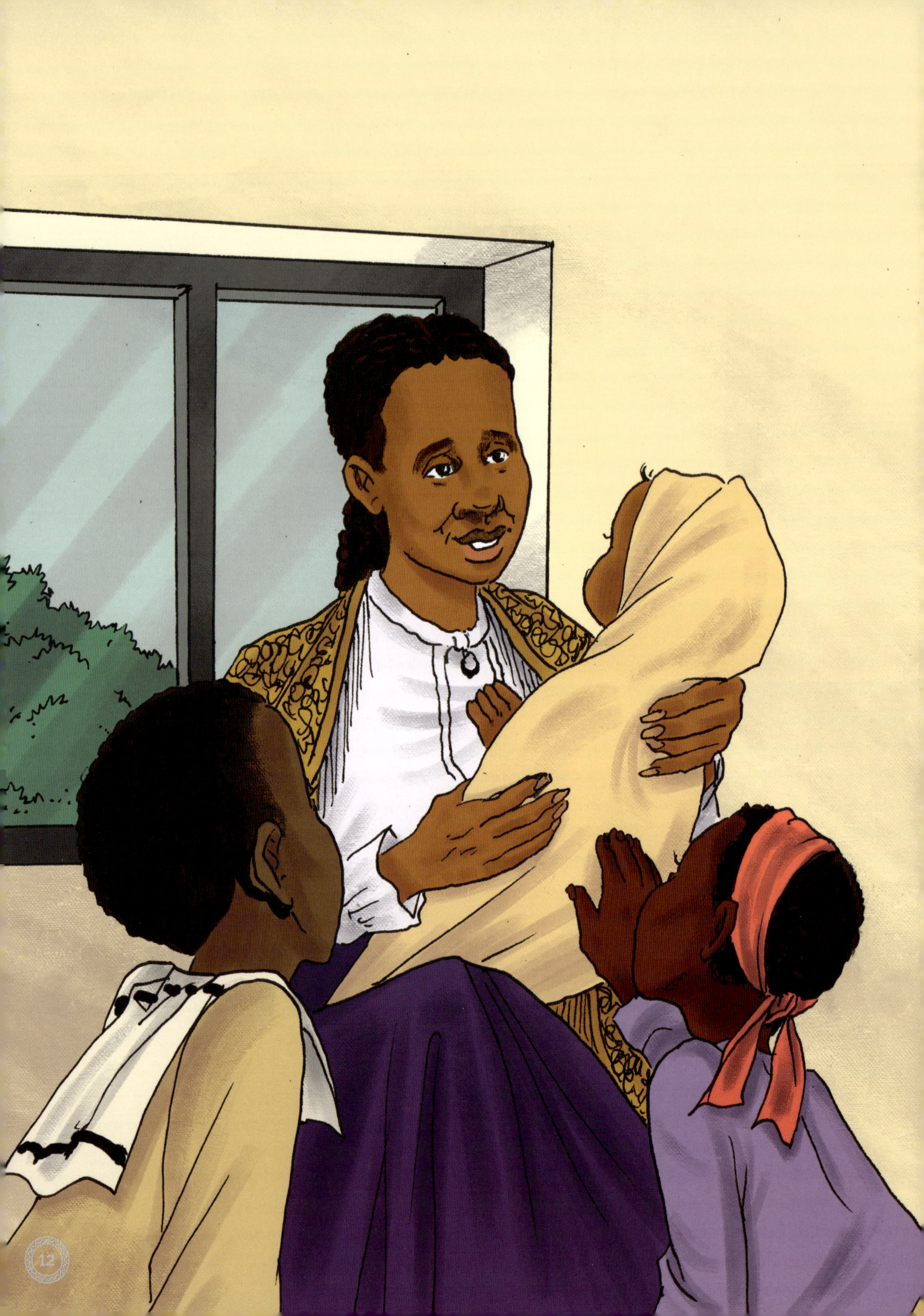

Havia um álbum, parecido com um diário, em que Firmina registrava acontecimentos da sua vida. Nesse álbum, descrevia suas experiências, suas vivências, seu cotidiano com sua família, falava sobre a natureza, o amor, os momentos tristes e felizes de sua vida.

Maria Firmina escreveu no diário durante cerca de 50 anos. Não escrevia todos os dias, mas registrava periodicamente os acontecimentos da sua vida e falava, principalmente, sobre seus filhos adotivos, que eram muitos — os pesquisadores afirmam que ela teve 15 "filhos de criação".

Além disso, Firmina fazia anotações detalhadas sobre o cotidiano de pessoas escravizadas e ex-escravizadas. No seu álbum de registros, ela chegou a escrever sobre o dia em que Otávia, uma de suas filhas de criação, deu seus primeiros passos.

O diário ficou guardado durante 56 anos por um de seus filhos de criação, Leude Guimarães. Em 1973, o escritor Nascimento de Morais Filho descobriu a história do diário de Maria Firmina numa entrevista concedida por Leude.

Três anos depois, ele publicou a primeira biografia sobre a vida de Firmina, chamada *Maria Firmina: fragmentos de uma vida*. Em 1975, o escritor doou o diário ao estado do Maranhão para que todos pudessem pesquisar mais sobre a vida dela.

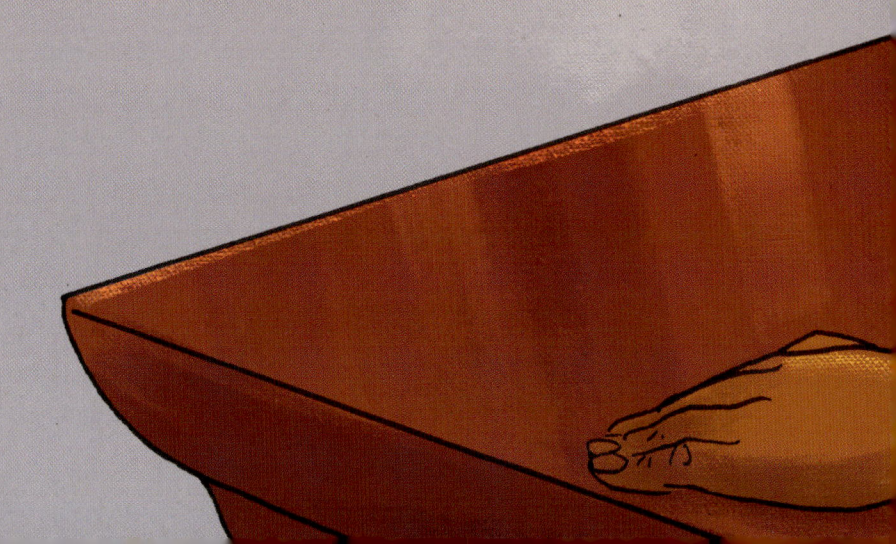

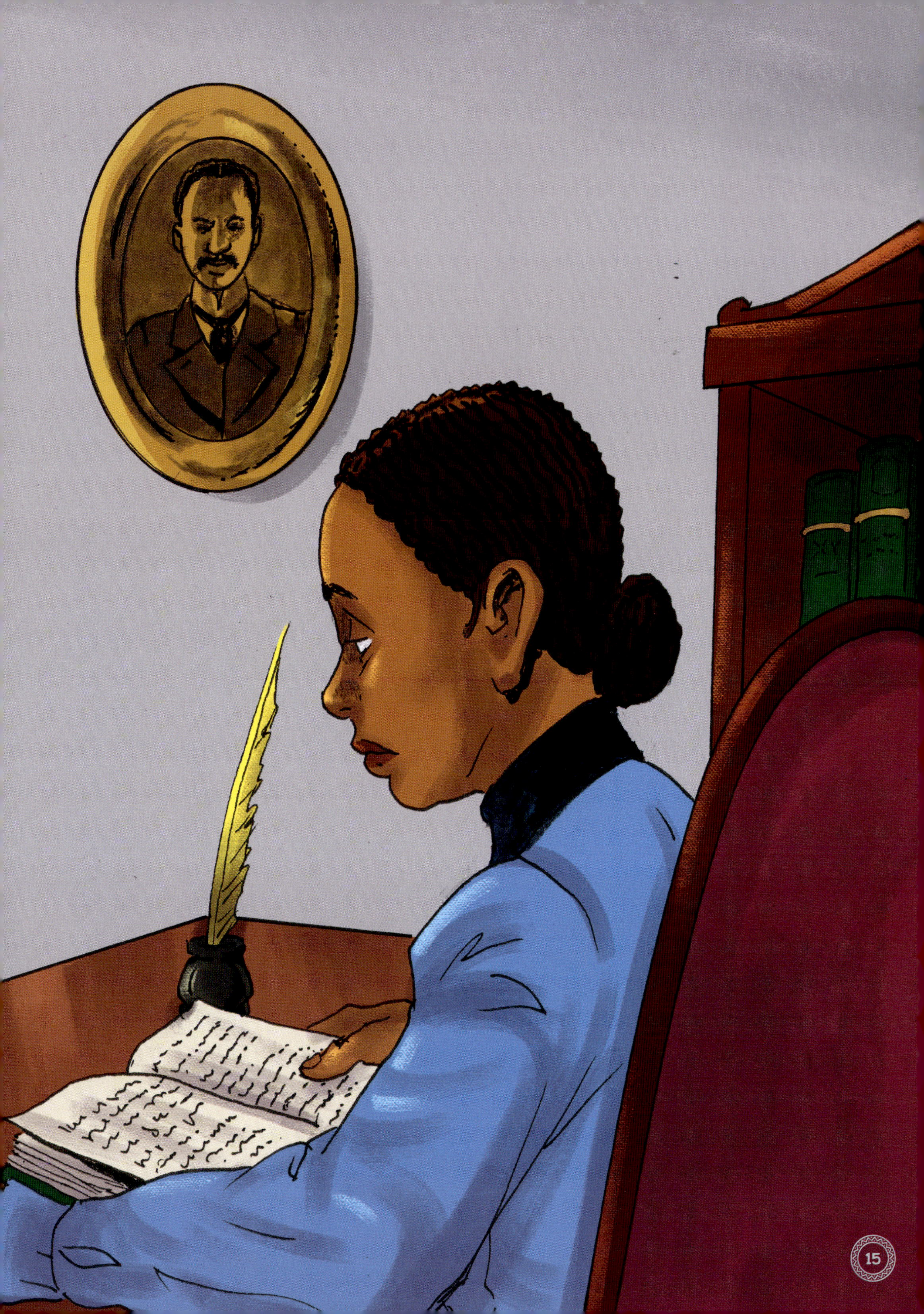

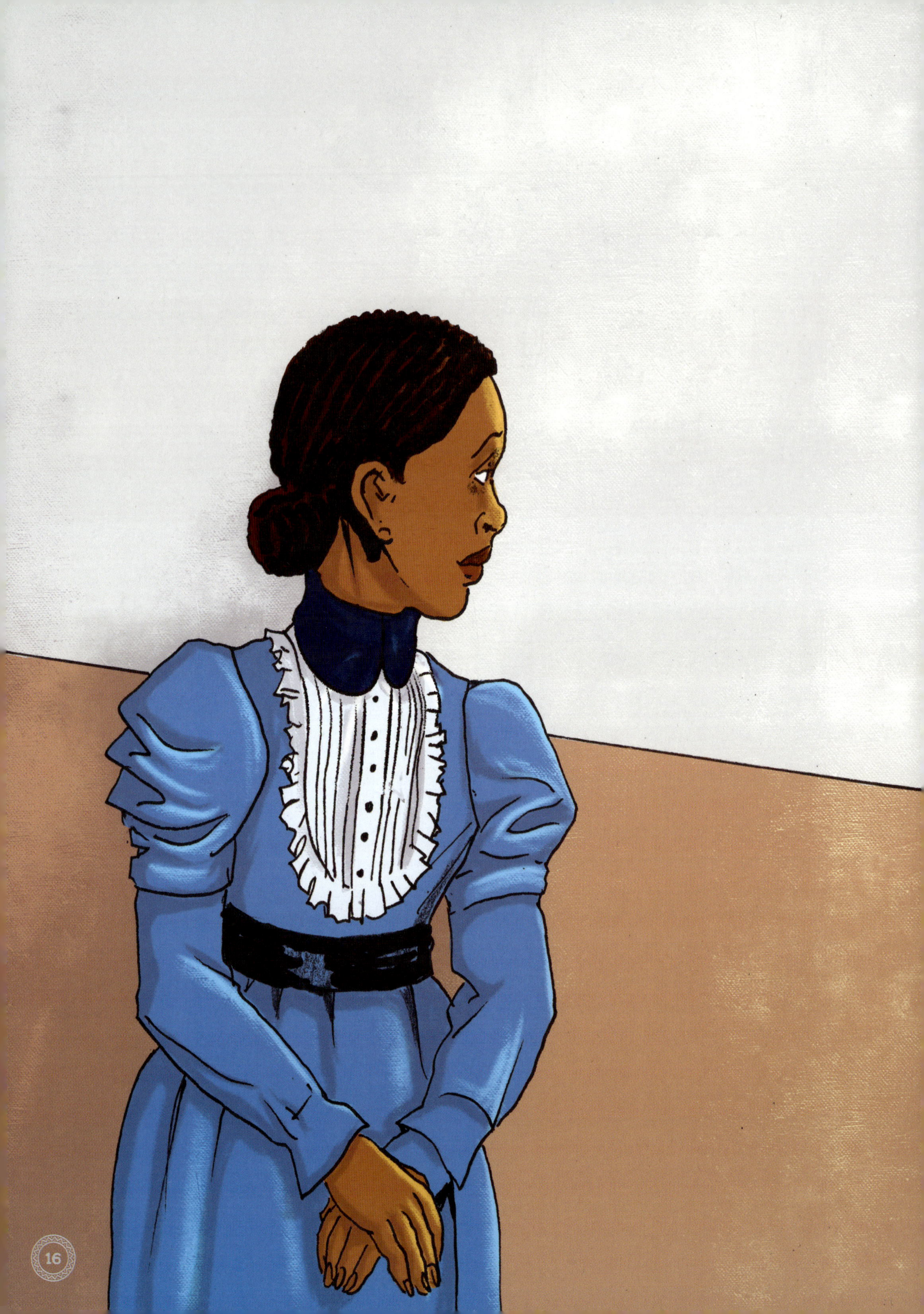

Em 1859, Maria Firmina dava aula para 11 alunas. Seu colega de profissão, José Esteves da Serra Aranha, dava aula para meninos e tinha 44 alunos, ou seja, uma quantidade quatro vezes maior.

Além da desigualdade de gênero existente, a pessoa negra escravizada não era considerada cidadã. Quando eram analisados os inventários, que eram os relatórios em que constavam quais eram os bens dos senhores brancos, os negros escravizados eram colocados no mesmo grupo dos animais, por exemplo.

Maria Firmina, discordando desse sistema que escravizava pessoas negras e que tratava de forma desigual homens e mulheres, usou principalmente a literatura para se expressar e combater as desigualdades sociais e raciais.

A pequena Vila de Guimarães foi o local onde Firmina criou toda a sua produção literária. São exemplos de obras de autoria dela: *Gupeva* (1861), *Cantos à beira-mar* (1871), *A escrava* (1887), *Hino da libertação dos escravos* (1888) e a sua mais famosa obra, o romance *Úrsula*, publicado em 1860. Nele, ela cria personagens negros escravizados que, pela primeira vez na literatura brasileira, falam de sua ancestralidade no território africano.

Até então, o Romantismo, escola literária da qual Maria Firmina fazia parte, nunca tinha retratado personagens negros e negras como seres humanos, ou seja, como pessoas com sentimentos, pensamentos e desejos. As obras, até aquele momento, sempre se referiam a pessoas negras como se fossem objetos ou mercadorias, mas, a partir de *Úrsula*, essa realidade mudou. Maria Firmina escreveu um capítulo dedicado especialmente a Túlio e Susana, dois negros escravizados.

Susana, personagem do livro, nasceu na África. Foi sequestrada por traficantes de pessoas no momento em que caminhava para a sua roça para colher milho. Ela não teve tempo de se despedir de sua bebê, de seu marido e de sua mãe. Foi levada à força e embarcada num porão de um navio tumbeiro para o Brasil. Quando chegou, foi vendida para um fazendeiro.

Túlio, outro personagem do livro, também era escravizado e morava na mesma fazenda. Já idosa, Susana teve uma conversa com Túlio relembrando o seu passado de liberdade com a sua família na África. As palavras "livre" e "liberdade" são repetidas várias vezes na conversa entre os dois. Foi a primeira vez na literatura brasileira que dois personagens negros escravizados falaram da liberdade e das lembranças da Mãe África.

Túlio, por sua vez, relembra seus pais africanos, as cabanas onde os seus pais nasceram livres, os sertões da África, os oásis e, ao mesmo tempo, a realidade das prisões da escravidão. Apesar do sofrimento do cativeiro, ele afirma: "A mente ninguém pode escravizar!".

Firmina, completamente consciente da importância do assunto que abordava, apresentou-se de forma muito simples no início do "humilde livro", expressão que usou no prefácio da obra. Acredita-se que ela tenha feito isso de forma estratégica, para que as pessoas da elite pudessem ler a obra.

Com uma sensibilidade inovadora, a autora já falava em representatividade. Firmina tinha consciência de que estava abrindo caminhos e desejava que o livro servisse de incentivo para que outras mulheres pudessem escrever como ela. Ela sabia que podia inspirar outras trajetórias e não estava errada: *Úrsula* foi o livro mais anunciado nos jornais maranhenses em 1860.

23

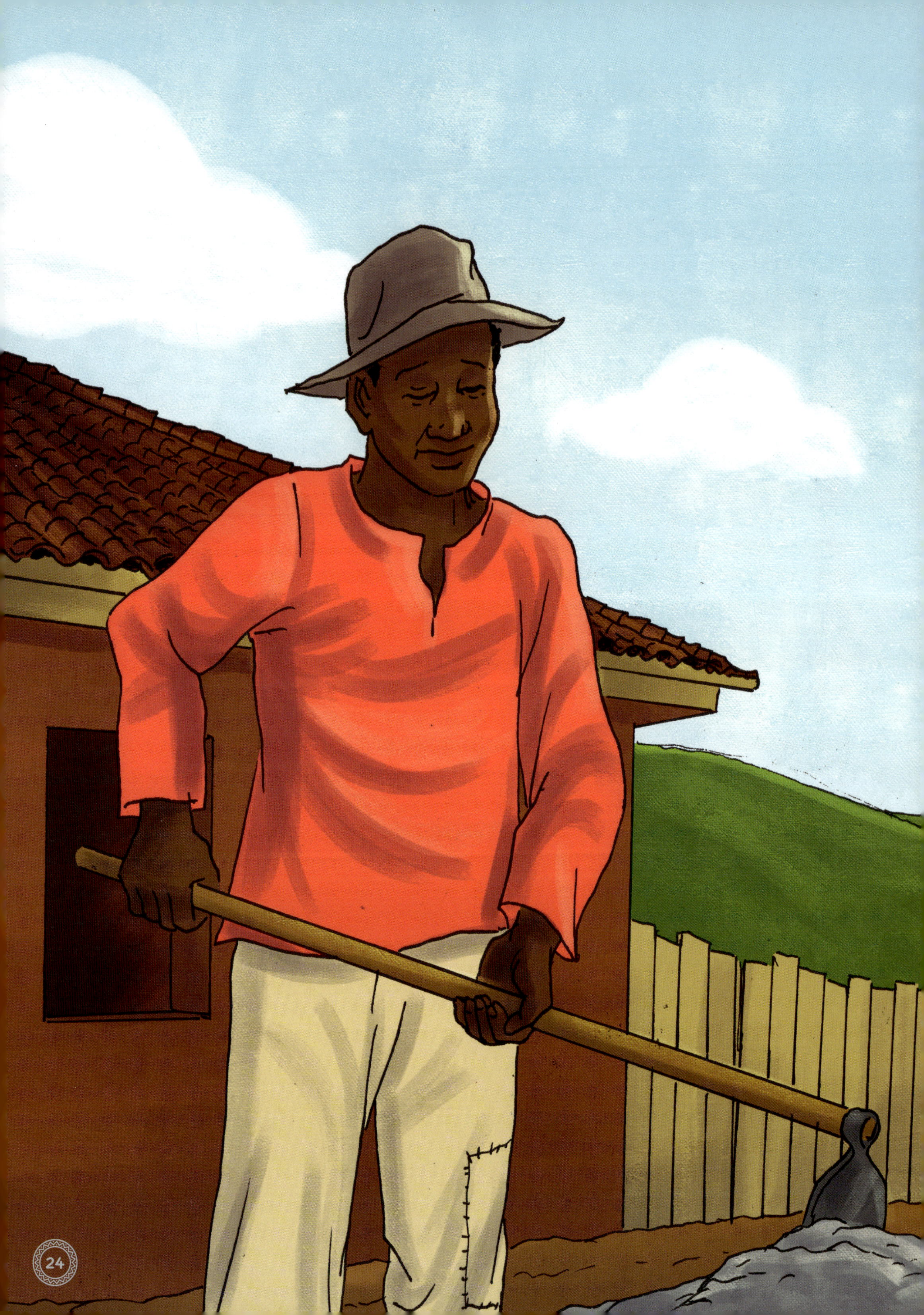

Maria Firmina dedicava-se às suas aulas na escola pública e paralelamente escrevia romances, contos, crônicas e poemas. Além disso, escrevia autos natalinos e de "Bumba Meu Boi", uma manifestação cultural genuinamente maranhense apresentada nos arraiais da cidade durante as festas juninas. A pedido das ex-escravizadas Otávia e Leonor, Firmina fez um auto de "Bumba Meu Boi" chamado "Boi Caramba".

Ela mobilizava a comunidade para que se realizassem iniciativas como a construção de casas destinadas a pessoas órfãs e ajudava na articulação das cartas de liberdade de muitos escravizados.

Em 1880, um ano antes de se aposentar como professora da rede pública, Firmina fundou uma escola mista em Maçaricó, um povoado dentro do município de Guimarães. Nessa escola, meninos e meninas podiam estudar juntos e recebiam o mesmo conteúdo nas aulas. A estrutura usada para a criação das salas foi um barracão construído de taipa e coberto de palha.

A reunião de meninos e meninas dentro de uma mesma sala de aula ainda era algo completamente ousado para a sociedade brasileira do final do século XIX. Naquele período, meninos recebiam aulas com conteúdos diferentes, pois se acreditava que as meninas deviam se preparar para as tarefas domésticas, enquanto os meninos eram direcionados aos conteúdos de cálculos matemáticos, além de leitura e gramática.

Na escola que Firmina fundou, todas as crianças recebiam o mesmo conteúdo de ensino. Os estudantes que pertenciam a famílias com melhores condições financeiras pagavam por esse ensino, enquanto os alunos mais pobres não eram obrigados a realizar qualquer pagamento. Ela transformava suas próprias ideias em ações e impactava a comunidade com seus pensamentos e atitudes.

Maria Firmina faleceu em 1917, na Vila de Guimarães. Tinha 92 anos e não conseguia mais enxergar. Quando faleceu, a sua mãe, Leonor, a sua irmã, Amália, e os seus tios Martiniano e Henriqueta não existiam mais. Em razão disso, algumas pessoas acreditam que Maria Firmina, na fase final de sua vida, estava solitária.

Na verdade, ela sempre esteve acompanhada de seus inúmeros filhos de criação, ex-alunos, colegas de trabalho e familiares. A primeira romancista do Brasil morreu na casa de uma filha de criação, Mariazinha, que havia sido escravizada.

Entretanto, Maria Firmina vive! Ela deixou um grande legado com seus ensinamentos, sua mentalidade, sua produção intelectual e seu engajamento cultural. Em 2022, ela foi a escritora homenageada da maior festa literária da América Latina.

29

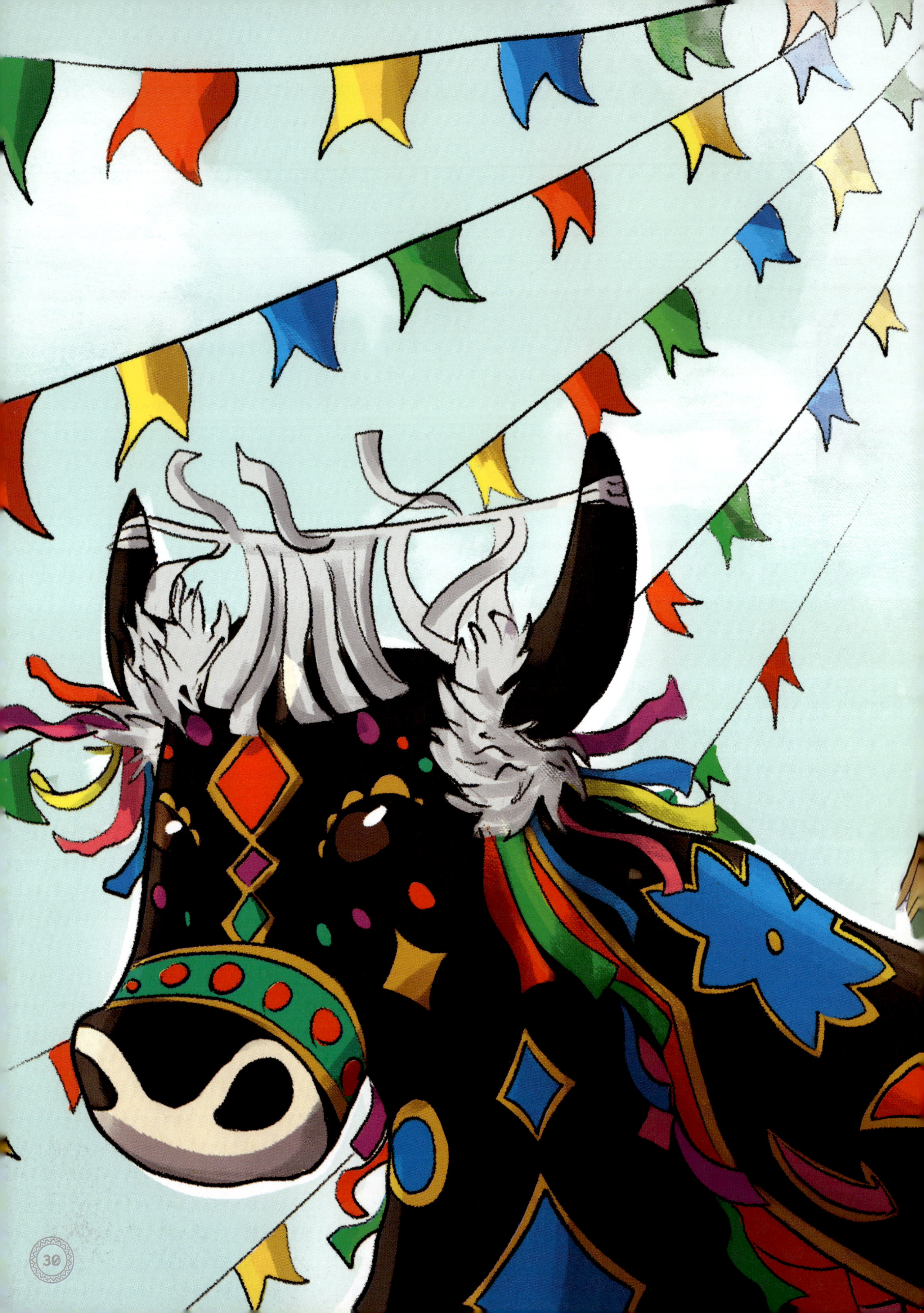

Com seu combate às desigualdades sociais, especialmente as de raça e gênero, ela inspira até hoje pessoas de todas as idades a refletir sobre maneiras de construir o presente e o futuro da sociedade.

Maria Firmina dos Reis é personalidade de destaque na história do Brasil, com todo seu pioneirismo na criação de uma narrativa literária em que pessoas negras tinham voz, sentimentos, falavam em liberdade e eram, de fato, vistas como seres humanos e não como objetos.

Do romance *Úrsula* à escola mista, das articulações para o lançamento do seu primeiro livro às toadas de "Bumba Meu Boi", da sua infância à fase madura, a primeira romancista do Brasil é representatividade e inspiração!

A OBRA

A coleção BLACK POWER apresenta biografias de personalidades negras que marcaram época e se tornaram inspiração e exemplo para as novas gerações. Os textos simples e as belas ilustrações levam os leitores a uma viagem repleta de fatos históricos e personagens que se transformaram em símbolo de resistência e superação.

As biografias são responsáveis por narrar e manter viva a história de personalidades influentes na sociedade. É por meio delas que autor e leitor vão mergulhar nos mais importantes e marcantes episódios da vida do biografado.

Esta obra conta a história de Maria Firmina dos Reis, importante figura para o acesso de mulheres à educação básica no período imperial brasileiro e a primeira romancista da literatura nacional. Ressaltou desde o início de sua carreira como escritora a importância de criticar o sistema escravagista vigente na época. Por meio de obras marcantes como *Úrsula* e *A escrava*, a autora foi responsável pela introdução de personagens negras que assumiam uma voz de independência e protagonismo.

CURIOSIDADE

Os antigos egípcios tinham o costume de escrever sobre os seus líderes. Era assim que os seus principais feitos se mantinham vivos. Com o tempo, esses textos ganharam importância, e foi preciso criar um termo que pudesse nomeá-los. Foi assim que o filósofo Damásio uniu duas palavras vindas do grego: *bio*, que significa "vida", e *grafia*, que significa "escrita". Dessa maneira, surgiu o que conhecemos hoje como o gênero biografia.

Conheça algumas das principais características desse gênero:

- texto narrativo escrito em terceira pessoa;
- história contada em ordem cronológica;
- veracidade dos fatos, ou seja, não é uma história inventada;
- uso de pronomes pessoais e possessivos (ele, ela, seu, sua…);
- uso de marcadores de tempo (na adolescência, naquela época, na vida adulta…);
- verbos no pretérito, ou seja, no passado, pois os fatos narrados já aconteceram (fez, falou, escreveu…).

ANITA MACHADO

EDUARDO VETILLO

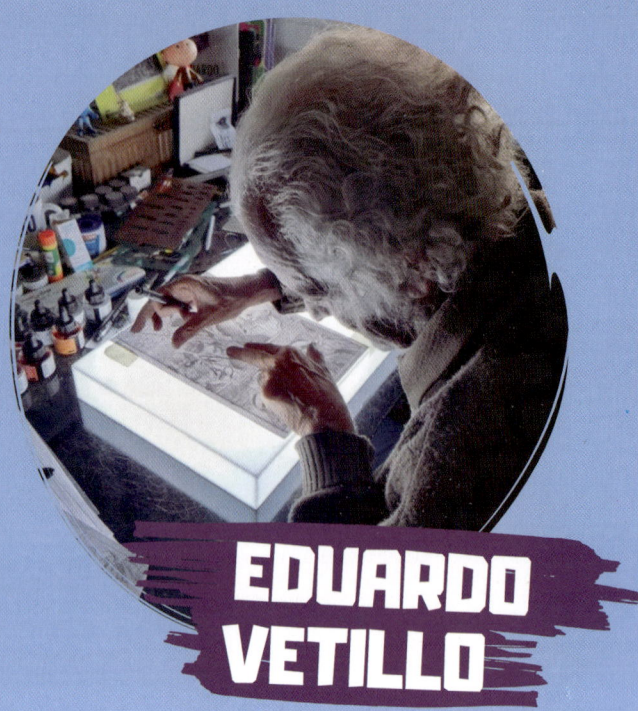

Anita Machado é uma maranhense apaixonada por São Luís e pelo mar. Não à toa ela escolheu se tornar advogada maritimista. Ela também atua como gestora de crises e posicionamento estratégico, é sócia do Machado Gomes Advocacia – escritório especializado em Direito Marítimo – e fundadora e Diretora Executiva do *Instituto Da Cor ao Caso*, plataforma com foco em letramento racial para líderes. Já morou no Rio de Janeiro e em Londres. Em 2023, recebeu o Prêmio Luiz Alves Ferreira Luizão do Tribunal de Justiça do Maranhão (TJMA), com menção honrosa pelas atividades de promoção à diversidade. Seus pais, Concita e Agenor Gomes, nasceram e foram criados em Guimarães (MA). Seu pai é autor do livro *Maria Firmina dos Reis e o cotidiano da escravidão no Brasil*, uma das principais obras que abordam a vida da romancista. Buscando ecoar a trajetória de Maria Firmina e a representatividade negra, Anita compartilha as vivências dessa grande romancista com as novas gerações.

Eduardo Vetillo nasceu em São Paulo e começou a desenhar na infância, influenciado pelas revistas de HQs e filmes de aventuras. Em 1970, viajou para os Estados Unidos, onde estudou na Escola de Artes Visuais de Nova York e no Instituto de Artes de Minneapolis. De volta ao Brasil, decidiu que seria ilustrador publicitário. Montou seu próprio estúdio e iniciou uma série de colaborações para diversas editoras. Ele se tornou um grande quadrinista e coleciona trabalhos famosos ao redor do mundo. Vetillo também trabalha com literatura infantojuvenil e foi o ilustrador das biografias de Machado de Assis, João Cândido, Harriet Tubman, Hamilton Krenak, entre outras publicadas pela Editora Mostarda. Na biografia de Maria Firmina, o ilustrador buscou captar em seus traços a força impactante da primeira romancista do Brasil.

MARIA FIRMINA

Nome:	Maria Firmina dos Reis
Nascimento:	11 de outubro de 1825, São Luís (MA)
Nacionalidade:	Brasileira
Mãe:	Leonor Felippa dos Reis
Pai:	João Pedro Esteves
Formação:	Ensino primário
Profissão:	Escritora e professora
Falecimento:	11 de novembro de 1917
Obra principal:	*Úrsula* (1860)

LINHA DO TEMPO

1825
Nasce em 11 de outubro de 1825, em São Luís, no Maranhão.

1860
Publica seu primeiro livro, o romance *Úrsula*.

1861
É publicado seu segundo livro, o *Gupeva*.

1847
Muda-se para a Vila de Guimarães e começa a lecionar usando a sala da casa de seu tio como espaço para dar suas aulas.

1871
Publica seu primeiro livro de poemas, o *Cantos à beira-mar*.

1881
Aposenta-se da função de professora na rede pública de ensino.

1917
Morre aos 92 anos na Vila de Guimarães.

1880
É fundada sua escola mista no município de Guimarães, situado no Maranhão.

1887
É publicado o seu romance *A escrava* no auge do movimento abolicionista.

OBRAS IMPERDÍVEIS DE MARIA FIRMINA

Úrsula

Esse romance, considerado a obra mais bem-sucedida de Maria Firmina, é visto como o primeiro a ser publicado por uma autora no Brasil. Apesar de toda a sua representatividade, a obra ainda não abordaria de forma contundente as questões ligadas à escravidão no país, procurando apresentar uma triste história de amor. A protagonista Úrsula é uma jovem branca que fica responsável por cuidar de sua mãe enquanto ambas são excluídas do convívio familiar. Sendo assim, a jovem convive apenas com duas pessoas escravizadas, Túlio e Susana. O desenlace da história se dá a partir do momento em que Túlio encontra um rapaz rico durante um de seus passeios e acaba por levá-lo para a casa de Úrsula, dando início ao romance entre os jovens.

Gupeva

O livro corresponde à fase indianista da literatura da autora, que passou a abordar temas constituintes da identidade do povo brasileiro. Gupeva é um indígena, pai de Épica, que é uma jovem apaixonada por um francês chamado Gastão. O romance entre os jovens torna-se um tabu ao descobrirem que seus passados estão interligados. A obra trata os franceses como representantes da nação colonizadora europeia e os indígenas brasileiros como vítimas dessa invasão territorial, carregando consigo corações bons e honestos.

Cantos à beira-mar

Dedicada à mãe de Maria Firmina, a obra é composta de 56 poemas tendo como ambiência a cidade de Guimarães, no litoral maranhense. O livro tematiza o ar reflexivo que as belas paisagens praianas podem oferecer, além de temáticas diversas como a morte, o sofrimento por amores não consumados e a desesperança. Por meio da estética e do conteúdo das poesias, é possível identificar claramente a consonância entre a literatura da autora e o romantismo praticado naquele período.

A escrava

Publicada pela primeira vez na *Revista Maranhense* em 1887, essa curta narrativa põe no centro do debate o impacto da escravidão na vida de pessoas negras. Durante um debate em um salão, a temática da servidão surge como assunto e, a partir daí, uma personagem decide revelar a história de Joana, uma mulher que fora escravizada e vivia em fuga. O relato de Joana é feito em primeira pessoa, de modo a dar força para suas vivências e a realçar sua posição como protagonista da própria vida, ainda que em um sistema escravagista.

PARA VER, OUVIR E LER MAIS

Teatro

Peça "Maria Firmina dos Reis, uma voz além do tempo" (2021) – O espetáculo está disponível no canal do YouTube da Funarte e trata de aspectos biográficos e bibliográficos da autora. Além disso, a atriz maranhense Júlia Martins, que também realiza pesquisas sobre a escritora, faz paralelos entre a trajetória de sua própria vida e o legado deixado por Maria Firmina.

Exposições

Exposição "Maria Firmina dos Reis: 200 anos inspirando humanidades" (2022) – Exposição organizada pelo Museu do Tribunal de Justiça do Maranhão em parceria com o Comitê de Diversidade do Tribunal de Justiça do Maranhão.

Exposição sobre Maria Firmina dos Reis em Guimarães — Instalada no Instituto Histórico e Geográfico de Guimarães, no Maranhão, cidade onde Firmina produziu todas as suas obras literárias.

Site

https://mariafirmina.org.br/ – O acervo, coordenado pela socióloga e pesquisadora Luciana Martins Diogo, conta com diversos materiais em formato de texto e vídeo de modo a detalhar as minúcias da bibliografia de Maria Firmina. Nele estão documentos originais feitos pela autora, além de uma série de análises voltadas à explicação de cada uma das obras.

Livros

Maria Firmina dos Reis e o cotidiano da escravidão no Brasil (2022) – Nessa biografia da escritora maranhense, Agenor Gomes apresenta informações atualizadas sobre as origens familiares da autora com materiais inéditos. Além disso, o livro aborda a obra *Úrsula* e seus desdobramentos não apenas como literatura, mas como matéria de transformação social.

Maria Firmina dos Reis: a trajetória intelectual de uma escritora afrodescendente no Brasil oitocentista (2019) – Na obra, o sociólogo e pesquisador Rafael Balseiro Zin, a partir dos seus primeiros contatos com os escritos de Maria Firmina e, também, depois de ter pesquisado sobre a obra *Primeiras trovas burlescas de Getulino*, do abolicionista Luiz Gama, propõe-se a investigar as produções literárias dos dois autores fundantes da literatura afro-brasileira.

Podcast

https://projetoquerino.com.br/podcast-item/o-colono-preto/ – Episódio 4 do Projeto Querino, com o título "O colono preto", disponível no Spotify e também em Libras no Youtube. O *podcast*, idealizado e narrado pelo jornalista e roteirista Tiago Rogero, já ocupou o primeiro lugar dos *rankings* brasileiros do Spotify e da Apple e, em novembro de 2022, superou a marca de 1 milhão de *downloads*.

EDITORA MOSTARDA
WWW.EDITORAMOSTARDA.COM.BR
INSTAGRAM: @EDITORAMOSTARDA

© Anita Machado, 2024

Direção:	Pedro Mezette
Edição:	Andressa Maltese
Produção:	A&A Studio de Criação
Ilustração:	Eduardo Vetillo
Revisão:	Beatriz Novaes
	Elisandra Pereira
	Marcelo Montoza
	Mateus Bertole
	Nilce Bechara
Edição de arte:	Leonardo Malavazzi
Editoração:	Anderson Santana
	Bárbara Ziviani
	Felipe Bueno
	Henrique Pereira
Diagramação:	Ione Santana

```
Dados Internacionais de Catalogação na Publicação (CIP)
          (Câmara Brasileira do Livro, SP, Brasil)

   Machado, Anita
      Firmina : Maria Firmina dos Reis / Anita Machado ;
   ilustrações Eduardo Vetillo. -- 1. ed. -- Campinas,
   SP : Editora Mostarda, 2024.

      ISBN 978-65-80942-57-2

      1. Escritoras brasileiras - Biografia -
   Literatura infantojuvenil 2. Reis, Maria Firmina dos,
   1825-1917 - Biografia - Literatura infantojuvenil
   I. Vetillo, Eduardo. II. Título.

23-167518                                    CDD-028.5
```

Índices para catálogo sistemático:

1. Brasil : Escritoras : Biografia : Literatura
      infantojuvenil   028.5
2. Brasil : Escritoras : Biografia : Literatura
      juvenil   028.5

Cibele Maria Dias - Bibliotecária - CRB-8/9427

Nota: Os profissionais que trabalharam neste livro pesquisaram e compararam diversas fontes numa tentativa de retratar os fatos como eles aconteceram na vida real. Ainda assim, trata-se de uma versão adaptada para o público infantojuvenil que se atém aos eventos e personagens principais.

MISTO
Papel | Apoiando o manejo florestal responsável
FSC® C111076